齋藤 孝の
どっちも得意になる！

国語 × 算数

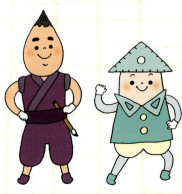

教育画劇

はじめに

　学校で勉強する教科は、「国語」「算数」「理科」「社会」のように分かれています。それぞれまったく別々の分野を学んでいるように感じるかもしれませんが、実はその内容には、教科の壁をこえて関わりあっている部分がたくさんあります。たとえば本を読むときは、文章を理解する国語の力が不可欠ですが、さらに算数の知識を活かして読み解くと、より深いおもしろさを発見できることがあります。また、さまざまな自然災害にそなえるには、自然現象に関する理科の知識を持った上で、社会全体での対策を考える必要があります。

　ある教科を勉強するときに、ほかの教科との関わりを考えながら学ぶと、とても効率よく両方の教科の知識が身につきます。ひとつの教科が得意になると、実はほかの教科を理解する土台の力が養われるのです。

　この本では、小学3年生〜6年生の教科書にそった「国語」と「算数」の学習のポイントを掲載しています。さらに2教科の学びのポイントをつなげて発展させ、教科書の内容にはとどまらない、幅広い知識を身につけられる考え方を紹介しています。2教科を一緒に考えることで、それぞれの教科への理解や各教科のつながりに対する関心がぐっと深まります。「国語は好きだけど算数は苦手だなあ」という人、その反対の人も、読みすすめるにつれて国語と算数の世界が深くつながっていることにびっくりするはずです。

　この本を通して、教科の壁にとらわれないものの見方や、学ぶことの新しいおもしろさを発見してもらえたらうれしく思います。

監修者　齋藤孝

おもな登場人物

国語マン
国語の里から来たポジティブな忍者。趣味は俳句を詠むこと。

算数マン
算数の星から来た頼れるヒーロー。「計算ならぼくにまかせて！」

くにこ
国語が好きな小学生。好きな作家は宮沢賢治。

かずき
算数が好きな小学生。好きな図形は二等辺三角形。

もくじ

- 確率を四字熟語やことわざで表そう・・・・・・・・・・・・4
- 計算で読み解く昔ばなし　アイデア・ひらめき編・・・・・・・8
- 昔の言葉といろんな単位・・・・・・・・・・・・・・・・・14
- 計算で読み解く昔ばなし　かしこいたくらみ・話術編・・・・・18
- 数学者の逸話を調べて話してみよう・・・・・・・・・・・・24
- 文章問題から答えのカギを見つけよう・・・・・・・・・・・28

国語×算数 こぼれ話

- なぞなぞを九九で解いてみよう！・・・・・・・・・・・・・12
- 数え歌で1、2、3を歌ってみよう！・・・・・・・・・・・22
- 数字を使って暗号を解いてみよう！・・・・・・・・・・・・32
- 国語の力も使って和算にチャレンジ！・・・・・・・・・・・34

国語パワーと算数パワーを上手に組み合わせて、どっちも得意になっちゃおう！

確率を四字熟語やことわざで表そう

四字熟語など昔から伝わる言い回しの中には、物事が起こる確率の割合を言い表したものがあるんだ。下の時代劇の中から、確率を表している言葉を探してみよう。ことわざや慣用句も出てくるよ！

四字熟語と確率

四字熟語・ことわざ・慣用句

関連単元：国語4年 慣用句／国語6年 熟語の成り立ち

四字熟語をはじめ、ことわざや慣用句などは、昔から伝わる日本語独特の表現です。

四字熟語
漢字4文字で構成され、決まり文句として用いられる熟語。

> **例** 以心伝心
> 意味：言葉をかわさなくても心が通じ合うこと。

ことわざ ▶3巻 理科×国語 P.23 ことわざ
教訓などをしめす表現。たとえを用いて人を戒めるものが多い。

> **例** 頭かくして尻かくさず
> 意味：悪事や欠点をかくし通せたと思っても、実際にはその一部しかかくせていないことのたとえ。

慣用句
ふたつ以上の単語が合わさって、別の意味を表す言葉。

> **例** 油を売る
> 意味：無駄話をして仕事や勉強をなまけること。無駄話をして時間を過ごすこと。

割合と百分率

関連単元：算数5年 割合と百分率

割合を表す数は、下の表のように表すことができます。

▶1巻 算数×社会 P.13 割合

割合を表す小数	1	0.1	0.01	0.001
百分率	100%	10%	1%	0.1%
歩合	10割	1割	1分	1厘

ある事象が現れる可能性を割合で表したものを「確率」といいます。確率は、あることが起こる場合の数を、起こり得るすべての数で割って計算します。

> 実は「確率」は中学で勉強する考え方。でも、今からしっかり「割合」を勉強しておけば難しくないよ！

確率の出し方の例

サイコロをふって
偶数（2、4、6）が出る確率は…

3 ÷ 6 = 0.5

偶数の目の数　サイコロすべての目の数

百分率にすると **0.5→50%**

国語と算数をつなげる

時代劇にも出てきた四字熟語を使って、国語マンが話をしているよ。明日遅刻する確率が高いのは、かずきくんとくにこちゃんのどっちだろう？

「明日は遠足だから早起きするようにね！かずきくん🧒は**十中八九**時間どおりに来ないし、くにこちゃん👧は**九分九厘**遅れてくるから、ふたりとも心配だなぁ…」

> 九分九厘って、9.9%のことかな？本当はくにこちゃんの方がぼくより遅刻魔なんだけどなあ。

> 私のほうが遅刻する確率は高いと思われてる…よね、てへへ。

ふたりの遅刻する確率を比較してみると…？

ことわざ	意味	割合
十中八九	10のうち8か9までの割合。おおかた。だいたい。	80〜90%
九分九厘	10に対し9.9の割合。ほとんど。いつも。	99%

なぜ九分九厘が99%なの？

この四字熟語では、全体を10分としたときに、9分9厘の割合を表している。10分に対しての9分9厘の割合を百分率で表すと、9.9÷10=0.99で99%となるんだ。

> どちらも「ほとんど」という意味で使われているけれど、比べると九分九厘の方が割合が多いね！

確率・割合を表す言葉

学びのポイント もっとくわしくなろう

確率・割合の大きさによって、いろいろな日本語の表現があるよ。実際に使ってみると、数字を言葉で言い表すおもしろさがよくわかるから試してみて！

せりふの中の確率を探そう

P.4の時代劇の中のせりふには、確率・割合を表す四字熟語やことわざがあるよ。それぞれどのくらいの確率かわかるかな？

「千載一遇のチャンス！」
四字熟語

意味：めったに訪れそうもないよい機会・二度と来ないかもしれないほど恵まれた状態。千年に一度偶然訪れるくらいの好機という意味。

確率 1000回に1回
1÷1000＝0.001
0.001→ **0.1%**
割合　百分率

「一か八か乗りこんでみるか！」
慣用句

意味：運を天に任せやってみること。博打用語の「丁か半か」の字の上部を取って「一」と「八」としたなど諸説ある。半分半分の確率を表す。

丁半

確率 2回に1回
1÷2＝0.5
0.5→ **50%**
割合　百分率

「十中八九、近くにいるな」
四字熟語

意味：10のうち8か9までの割合。おおかた。ほとんど。

確率 10に対し8～9
8÷10＝0.8
9÷10＝0.9
0.8～0.9 割合
→ **80～90%** 百分率

「力のほどは五分五分か!?」
四字熟語

意味：双方とも、同じくらいの可能性があること。10分に対して、どちらも10分の半分、5分の割合がある。

確率 10分に対し5分
5÷10＝0.5
0.5→ **50%**
割合　百分率

「九死に一生を得た…」
ことわざ

意味：ほとんど命が助かりそうもないところをかろうじて助かること。9割方死ぬ運命にあったが、奇しくも1割の幸運で命が助かることを表す。

確率 10回に1回
1÷10＝0.1
0.1→ **10%**
割合　百分率

ことわざや四字熟語が表す確率の数字を見ると、はじめて出会う言葉でもおおまかな意味をつかみやすいね。

辞書に書いてある意味を丸暗記するのは大変だもの！確率・割合と一緒に学べば、一石二鳥。十中八九覚えられるわ。

「盗人にも三分の理っていうからな…」
ことわざ

意味：たとえ泥棒でも、10分に対し3分ほどは盗みをしなければならなかった理由がある。悪事を働くにも相応の理由があり、なんにでも理屈はつけられるということ。

確率 10分に対し3分
3÷10＝0.3
0.3→ **30%**
割合　百分率

「九分九厘ウソでしょ」
四字熟語

意味：ほとんど間違いなく確実なこと。10分のうち9分9厘（99%）、つまり1厘（1%）以外は絶対、という意味。

確率 10分に対し9分9厘
9.9÷10＝0.99
0.99→ **99%**
割合　百分率

奇跡の四字熟語

めったにないことを表す「千載一遇」よりも、さらに確率の低いことを表現している言葉を紹介するよ。

曇華一現

意味：「曇華」は優曇華という花のことで、三千年に一度だけ咲くと言われている想像上の花。めったにお目にかかれないことのたとえとして使われる四字熟語。

確率 3000回に1回

$1 \div 3000 = 0.00033\cdots$

$0.00033\cdots \rightarrow 約0.03\%$

盲亀浮木

意味：起こる確率が信じられないくらい低く、めったにないことのたとえ。広大な海に住み、百年に一度だけ水面に浮かび上がってくる目の見えない亀が、水面をゆらゆら漂っている浮木にあいた、たったひとつの穴に入る、という確率を表している。「盲亀浮木に値う」の略。

確率 100回に1回×確率を仮定して計算してみよう

100年に1度を割合で表すと

$1 \div 100 = 0.01$

もし浮木が1km²（=1000000m²）にひとつ浮いているとすると、亀が浮木のもとに浮かび上がる確率は、おおよそ

$1m² \div 1000000m² = 0.000001$

100年に1度の割合と盲目の亀が浮木に偶然出会う確率をかけると

$0.01 \times 0.000001 = 0.00000001 \rightarrow 0.000001\%$

さらに、浮木にあいているたったひとつの穴に入れる確率はもっともっともっと低いので、**0.000001%以下** とする。

確率としてはありえないくらい低いことがわかるね。

右に行くほど奇跡的！

千載一遇 0.1% ≫ **曇華一現 約0.03%** ≫ **盲亀浮木 0.000001%以下**

※仮定による目安の数字です。

割合を表すことわざ

百里を行く者は九十を半ばとす

意味：最後まで気をゆるめるなという意味。どんなことも終わりの方にこそ困難が待ち受けているから、9割（90％）の道のりを歩いたところでやっと半分まで来たと思って心をひきしめよという戒めの言葉。

一寸の虫にも五分の魂

意味：どんなに小さく弱いものにも、それ相応の意地や考えがあるのだから、むやみに軽んじたり、ばかにしたりしてはいけないということのたとえ。わずか数cmの虫にもその体の5分（50％）、つまり半分ほどの魂があるのだとさとす言葉。

▶P.14 昔の言葉といろんな単位

「分」が表す数

Q 「分」が0.1を表すことがあるのはなぜ？

A 「分」には昔から、「あるものをいくつかに等分したもののひとつ」という意味があり、その中でも特に「10分の1」を表していた。「五分五分」や「九分九厘」、「盗人にも三分の理」のような言葉は、そんな考え方から生まれた言葉なんだ。一方、野球の打率のように、「割」を用いて「歩合」で表すときは、1割が0.1、1分が0.01を表す。「分」がどちらの単位を表すかは、文脈をよく読んで判断しよう。

「分」が0.01を表すとき

野球の打率（三割三分六厘など）
値引き表示（二割引きセールなど）

「分」が0.1を表すとき

体温（36度5分など）

「分」が0.1を表すことが由来となった言葉

十分、七分丈、五分咲き、腹八分目　など

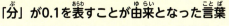

計算で読み解く昔ばなし　アイデア・ひらめき編

ここで紹介する3つのお話では、登場人物がみんなを「アッ」と言わせるアイデアをひろうするよ。どれも算数や数学の考え方が解決のヒントになっているんだ。10〜11ページのお話の続きも読んでね。

日本の昔ばなし

秀吉と山の木

今から約400年以上も昔、豊臣秀吉が織田信長に仕えていたころのことです。

殿様である信長は、家来たちにこんな命令を出しました。

「あの山に木が何本あるか調べてまいれ。」

家来たちはおのおの一生懸命木の数を数えましたが、報告する数はみんなバラバラでした。木の数が多すぎて、とうてい正しい木の数を数えることなどできません。

みんないくらがんばって数えても、ふとした拍子に、目の前の木がすでに数えた木か、まだ数えていない木か、わからなくなってしまうのです……。

1本ずつ印をつけながら数えていくのはどうかな?

1本1本印をつけた木を数えていくのも大変だよ?

中国の昔ばなし

曹沖と象

昔、中国に曹沖というかしこい少年がいました。

あるとき、曹沖の父である王様のもとに、大きな大きな象が一頭贈られてきました。

あんまり大きな象なので、王様は、その象の重さを知りたいと思いましたが、そんな大きくて重たい象の重さの量り方などだれもわかりません。象を乗せられるほど大きなはかりなどどこにもないのです。

そんな中、子どもであった王子の曹沖が声をあげました。

「ぼく、象の重さの量り方わかるよ!」

まだ子どもなのに大人が思いつかない方法を考えたなんてすごいね!

曹沖は中国の歴史書『三国志』に出てくる有名な人物だよ。

朝鮮半島の昔ばなし

三年とうげ

三年とうげには、昔からこんな言い伝えがありました。

「三年とうげで転ぶでない。
三年とうげで転んだならば、
三年きりしか生きられぬ。
長生きしたけりゃ、転ぶでないぞ。
三年とうげで 転んだならば、
長生きしたくも 生きられぬ。」

『さんねん峠』李錦玉/作・朴民宜/絵 岩崎書店 より一部抜粋

あらすじ

転んではいけない三年とうげで転んでしまったおじいさん。おじいさんは、「わしはもう、あと三年しか生きられぬのじゃあ」と、おいおい泣いて、泣きすぎて、しまいには本当の病気になってしまいました。お見舞いに来た水車小屋のトルトリは、にっこり笑って、おじいさんの病気を治す方法を話しはじめます…。

「おじいさんの病気を治す方法にはなんとかけ算が使われるよ!」

「病気を治すのにかけ算〜?」

学びのポイント

国+算 山の木を数えた秀吉の引き算

豊臣秀吉がまだ織田信長の家来で、木下藤吉郎と名乗っていたころのお話です。社会の教科書には秀吉や信長がどのように紹介されているか調べてみましょう。きっとこの逸話の存在がもっとおもしろく感じられますよ。秀吉の使った計算方法は、小学生ならだれにでもできる引き算です。よく算数や数学なんて、社会に出たら役に立たない、などと言われることがありますが、発想力と組み合わせれば実生活の問題を解決する上で有効な手段となることを覚えておきましょう。

国+算 曹沖が考えた象の重さの量り方

曹沖の逸話のもとになる話は『三国志』の中に出てきますが、実は似たような話は古い仏教経典の中にも登場します。登場人物や設定がちがえども、話の核心を理解していれば、類話や同じ考え方に出会ったときに、すぐにピンとくるはずです。P.26の「アルキメデスの原理」との類似性にも注目してみましょう。

国+算 トルトリの寿命を延ばすかけ算

『三年とうげ』は国語の教科書にも採用されているお話ですが、かけ算を意識しながら読んでみると、またちがったおもしろみを感じられますよ。トルトリが問題を解決したアイデアには、計算の力も関わっていますが、それだけではありません。機知に富んだユーモアの発想を持って、人生を楽しく前向きに生きていこうとする姿勢が必要だということをよく表しています。

次のページで、国語と算数にもっとくわしくなろう!

お話がよくわかる計算式

昔ばなしの中には算数や数学の考え方がかくれていることがある。お話のできごとや、登場人物のせりふを、算数の式に置きかえて見てみよう。

山の木を数えた秀吉の引き算

お話のつづき

そこでかしこい秀吉は、まず縄を1000本用意しました。そして、ほかの家来たちに縄を渡し、木に1本ずつ縄をまきつけるよう言ったのです。全員で力を合わせてすべての木に縄をつけ終わると、秀吉は残った縄の数を数え、1000からその数を引きました。こうして、秀吉は信長に正確な木の数を報告できたということです。

1000 － 残っている縄の数 ＝ 山の木の数
用意した元の縄の数

残った縄は92本だから…

秀吉のアイデアはここがすごい！

①みんなで一斉に作業できる！
何百本という木を1本ずつ順番に数えていたら時間がかかってしまう。縄をまきつける作業はみんなで分担して同時にできること。木の数も早くわかる。

②数え間違いをしにくい！
1本の木に1本の縄というルールを守れば、数えるのは手元に残った縄だけですむ。山に生えている木を1本1本数えるより、1か所で残った縄を数える方がかんたんで正確だ。

数えるものを木の数から縄の数に変えて、引き算したんだね！

答えを聞くと計算はかんたんだけど最初にこのアイデアをひらめいたのはさすが秀吉！

逸話を集めてみよう

逸話とは、ある人物についてのエピソード。その人物の人柄をうかがわせるようなおもしろい出来事や興味深い話を紹介したものが残っているんだ。秀吉の逸話には、他にこんなお話があるよ。

温めた草履
ある寒い冬の日の朝、信長が草履をはこうとしたときのこと。秀吉が懐で温めた草履を取り出しました。信長は、秀吉の細やかな気配りにたいへん感心したそうです。

素早く築いた城
川の中洲に城を作るよう命じられた秀吉。上流の森で木を切り、その場で加工し、あとは組み立てるだけにして川の流れにのせ、中洲まで運びました。おかげでわずか数日で築城してしまったそうです。

Q 逸話ってほんとうにあったお話なの？

A 歴史上の人物の逸話は、真偽を確かめることが難しい。たとえば、草履の話は秀吉の時代からだいぶ後になって書かれた江戸時代の『絵本太閤記』にのっているもの。事実の一部が変わっているかもしれないし、後世に考えられた作り話の可能性すらある。でも、ひとつ確かなことは、人物にまつわる逸話は長く語りつがれたものほど、興味深い話だということ。事実かどうかを自分なりに考えながら、逸話を楽しめるといいね。

秀吉にまつわる逸話からは「頭が切れるアイデアマン」的人物像が想像できるね。

曹沖が考えた象の重さの量り方

お話のつづき 曹沖は、続けてこう言いました。
「象を大きな船の上に乗せ、船が沈んだ水の高さのところに印をつけてください。それと同じ位置まで沈む重りを船に乗せれば、計算でわかりますよ」
こうして、船に乗せた重りの合計を計算し、王様は象の重さを知ることができたのでした。

象の体重＝船に乗せた重りの合計

重い象を乗せた船が水に浮く理由は、アルキメデスの原理で説明できるよ。

アルキメデスの原理 ▶P.26 アルキメデスと冠の重さ
水中の物体は、その物体が押しのけている水の重さだけ軽くなる（上向きの浮力を受ける）。

象を船に乗せ、水の高さのところに印をつけておく。

船に重りを乗せて、同じところまで沈んだら、重りの重さを合計する。

トルトリの寿命を延ばすかけ算

お話のつづき 「そうじゃないんだよ。一度転ぶと、三年生きるんだろ。二度転べば（①）年、三度転べば（②）年。四度転べば（③）年。このように、何度も転べば、うーんと長生きできるはずだよ。」
おじいさんは、しばらく考えていましたが、うなずきました。
「うん、なるほど、なるほど。」

〈中略〉

「えいやら　えいやら　えいやらや。
（④）ぺん転べば三年で、
（⑤）ぺん転べば三十年、
（⑥）ぺん転べば三百年。
こけて転んでひざついて、しりもちついてでんぐり返り、長生きするとは、こりゃめでたい。」
おじいさんは、すっかりうれしくなりました。

『さんねん峠』李錦玉／作・朴民宜／絵　岩崎書店　より一部抜粋

文章中の（　）に入る数を計算しよう。

転んだ回数×3年＝おじいさんの寿命

① 2×3＝6
② 3×3＝9
③ 4×3＝12
④ □×3＝3 ………… □＝3÷3＝1
⑤ □×3＝30 ……… □＝30÷3＝10
⑥ □×3＝300 ……… □＝300÷3＝100

『さんねん峠』
李錦玉／作　朴民宜／絵　岩崎書店

朝鮮半島に伝わる民話をもとに書かれたお話。昔の朝鮮のくらしがわかる美しい挿絵がついている。光村図書の国語の教科書にも同じ話が収録されているよ。読んでみよう！

国語×算数 こぼれ話 1

なぞなぞを九九で解いてみよう！

九九なぞなぞは、計算だけでは解けない。とんちを使ったひらめきの発想力と、言葉のセンス、ダジャレ力が必要だ。答えと解説はページのいちばん下を読んでね！

九九なぞなぞに挑戦しよう！

①東へ行くとへびにかまれます。西に行くと何が起こる？

②おばあさんのシワの数は何本？

③赤ちゃんを産んだ産後のお母さんは、何日安静にしたほうがよい？

九九のすべての段をばっちり覚えていればどれも解ける問題だよ！きみは何問解けるかな？

④午後のお茶会に来たのは何人？

⑤大金持ちの資産は何億円？

⑥動物園に16匹いるのは、ゾウ、キリン、ライオンのどれ？

⑦54歳のおじさんが得意な曲は？

⑧18人のシェフが集まった。これから何料理を作る？

【ヒント】ライオンは「しし」と呼ぶこともあるよ。辞書で調べてみよう。

答えと解説

①ハチに刺される。にし（西）がはち（蜂）だから。【2×4=8】／②32本。しは（しわ）さんじゅうにだから。【4×8=32】／③15日。さんご（産後）じゅうごだから。【3×5=15】／④25人。ごご（午後）にじゅうごだから。【5×5=25】／⑤12億円。しさん（資産）じゅうにだから。【4×3=12】／⑥ライオン。しし（獅子）じゅうろくだから。獅子はライオンのこと。【4×4=16】／⑦ロック。ろっく（ロック）ごじゅうしだから。【6×9=54】／⑧肉料理。にく（肉）じゅうはちだから。【2×9=18】／⑨42本。にさん（兄さん）がろく、くし（串）さんじゅうろくだから。【2×3+9×4=42】／⑩76枚。さんし（山椒）じゅうに、はっぱ（葉っぱ）ろくじゅうしだから。【3×4+8×8=76】／⑪38日間。しご（死後）にじゅう、くに（国）じゅ

> 九九がふたつ以上隠れているなぞなぞは九九の答えをすべて足してみてね!

⑨ 焼き鳥屋さんで兄さんが食べた串の数は何本?

⑩ 山椒の葉っぱが落ちている。全部拾ったら何枚あった?

【ヒント】⑨～⑫は、クイズに出てくる九九のすべての和が答えになっているよ。

⑪ 王様の死後、国が混乱したのは何日間?

⑫ 珊瑚を四苦八苦して集めました。何個集まった?

> ここから下は辞書にのっている言葉が出てくるよ。知っている言葉も知らない言葉も一度辞書を引いてみて?また何か新しい発見があるかもしれないよ。

⑬ 娘ざかりの年ごろを「二九」という。さて何歳のこと?

⑭ お江戸の「二八そば」は、一杯何文?

⑮ 四字熟語の「四六時中」って、何時間のこと?

⑯ 「初七日」とは、人の死後7日目の日のこと。では、「七七日」とは、死後何日目?

⑰ 体の側面に36枚のうろこが並んでいることからつけられた、鯉の別名とは?

⑱ 神前結婚式で新郎新婦が3つの盃で3口ずつ酒を飲み交わす儀式をなんという?

【ヒント】最後の2問は、関係がありそうな九九を考えて、似た言葉を辞書で探してみよう。

うはちだから。【4×5+9×2=38】/ ⑫123個。さんご(珊瑚)じゅうご、しく(四苦)さんじゅうろく、はっく(八苦)しちじゅうにだから。【3×5+4×9+8×9=123】/ ⑬18歳。にく(二九)じゅうはちだから。【2×9=18】/ ⑭16文。にはち(二八)じゅうろくだから。本来はうどん粉とそば粉を2対8でうったもののことを二八そばというが、一杯16文だからという説もある。【2×8=16】/ ⑮24時間。しろく(四六)にじゅうしだから。昔1日が12刻だったころは二六時中といった。【4×6=24】/ ⑯49日目。しちしち(七七)しじゅうくだから。単に四十九日ともいう。【7×7=49】/ ⑰六六鱗。ろくろくさんじゅうろくだから。六六魚ともいう。【6×6=36】/ ⑱三三九度。さざんがきゅうだから。【3×3=9】

昔の言葉といろんな単位

今日は国語マンのお話会！ 一寸法師のお話を聞かせてくれるみたい。一寸法師の「一寸」って、実は長さを表す単位だったってこと、きみは知っていたかな？ 昔の単位と今の単位を比べてみよう。

一寸法師のお話を知ってるかな？

むかしむかし、あるところに
おじいさんとおばあさんが住んでいました。
ある日ふたりは、神様に
「子どもをください」とお願いしました。
するとお願いが届き、とてもとても小さな男の子を
授かりました。男の子は、一寸法師と名付けられました。

何年経っても、一寸法師は大きくなりませんでした。
ある日一寸法師は、武士になるために京に行きたいと言い、
お椀を船に、箸をかい※に、針を刀の代わりにして旅に出ました。
川の流れに乗って京に着くと、大きなお屋敷がありました。
一寸法師はそこで働かせてもらうことになりました。

どうして「一寸法師」って名前になったのかな？

※かい…水をかいて船を進めるための道具。オールのこと。

あるとき、一寸法師は、お屋敷のお姫さまが
お宮参りをする旅についていくことになりました。
その道中で、なんと！ 鬼がお姫さまをさらいに来ました。
一寸法師はお姫さまを必死に守ろうとしましたが、
鬼に飲みこまれてしまいます。
けれど鬼のお腹の中で大暴れ。一寸法師が鬼のお腹の
壁を針でつき刺すと、鬼は痛みのあまり一寸法師を吐き出し、
逃げ出してゆきました。

「一寸」や「六尺」は体の大きさを表しているよ！

鬼は逃げたひょうしに、打ち出の小槌を落として
いきました。お姫さまが小槌を一寸法師に向かっ
て振ると…。一寸法師は六尺までも大きくなった
のです！
一寸法師はお姫さまと結婚し、おじいさん、おば
あさんも一緒に、打ち出の小槌で打ち出したごち
そうやお宝で豊かに幸せに暮らしましたとさ。

昔の物語と単位のしくみ

昔の物語

関連単元：国語5年　古典に親しもう

物語の中には、何百年も昔から今日まで読みつがれ、親しまれてきたものがたくさんあります。古い物語を読むと、今とはちがう言葉に出会うこともあります。読みつがれ、語りつがれてきた興味深い物語をじっくり味わってみましょう。

江戸時代に刊行された『御伽草子』という本には、おなじみの「一寸法師」や「浦島太郎」をはじめとする、たくさんの短い物語がおさめられています。

『おとぎ草子』大岡信 著（岩波少年文庫）

1000年以上も昔、平安時代に書かれた『竹取物語』のお話は、今では『かぐや姫』という名前で親しまれています。

『竹取物語 蒼き月のかぐや姫』
時海 結以 著（講談社青い鳥文庫）

単位のしくみ

関連単元：算数6年　量の単位のしくみを調べよう

今、私たちが使っている単位のしくみを「メートル法」といいます。メートル法では、もとになる単位と、10倍、100倍…、または$\frac{1}{100}$倍、$\frac{1}{10}$倍…を表す言葉を組み合わせて、それぞれの大きさの単位を作っています。

大きさを表す言葉	キロ（k）	✕	センチ（c）	ミリ（m）
意味	1000倍	1	$\frac{1}{100}$倍	$\frac{1}{1000}$倍
長さの単位	km	m	cm	mm
重さの単位	kg	g	(cg)	mg
体積の単位	kL	L	(cL)	mL

※( )内の単位は、一般的にはあまり使われない単位です。

「キログラム」の「キロ」って1000倍を意味する言葉だったんだ！

国語と算数をつなげる

「寸」は、昔の日本で使われていた長さの単位だったんだ。昔の単位と今のメートル法の単位を使って、一寸法師の身長の変化を調べてみると…

1寸 = 約3cm　　1尺 = 10寸 = 約30cm

「寸」と「cm」の関係をチェックしてみよう。

これが実寸の一寸法師!?
一寸法師って、はじめはたった3cmしかなかったんだ!

生まれたときの一寸法師
1寸 = 約3cm

打ち出の小槌のおかげで身長が60倍大きくなった！

大きくなった一寸法師
6尺 = 30 × 6 = 約180cm

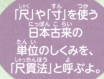

「尺」や「寸」を使う日本古来の単位のしくみを、「尺貫法」と呼ぶよ。

おもしろ単位ワールド

今では世界中で同じ基準の長さや広さ、時間などの単位が使えるようになっているけど、昔の単位は一体どんなふうに決められていたんだろう。

体を使った長さの単位

何かをはかったり、量を決めたりするのに単位はなくてはならないもの。昔の人の使っていた単位を調べてみよう！

大昔、人々は自分の体をものさしがわりに使って、ものの長さをはかっていた。指のはばや腕の長さなどを基準にして、いろいろな単位が生まれたんだ。これらの単位の中には、今でも日常生活の中や特定の分野において、ふつうに使われているものもあるよ。

短い時間を表す「束の間」という言葉は、「束」という長さの単位から生まれた言い回しなんだよ。

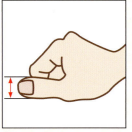

寸
親指のはば。1寸は現在の長さでいうと約3cm。

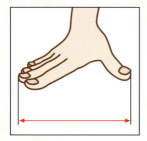

あた
親指と中指を広げたときのはば。およそ17～18cm。

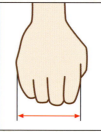

束
にぎりこぶしのはば。1束は約8cm。

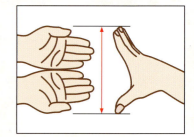

尺
指を10本そろえたときのはば。1尺は1寸の約10倍。

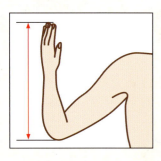

キュービット
ひじから指先までの長さ。古代エジプトの王様が作った単位。

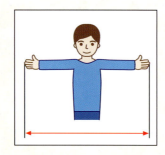

ひろ
大人が両腕をいっぱいに広げたときの長さ。1ひろは約1.8m。今でも釣りや航海の分野で使われているよ。

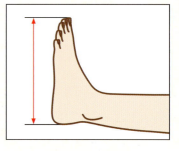

フィート
足のかかとから親指の先までの長さ。現在もアメリカなどの国で使われており、1フィート＝30.48cmと定められている。

自分の体で1寸をはかってみよう

私の親指のはばはだいたい2cmだよ。

ぼくは2.5cmだ。

同じ1寸といっても、人によって体の大きさがちがうから、一定にはならないよね。それでは不便だから、世界中同じ基準で使うことができる「m」などの単位が生まれたんだ。

身近にある昔の単位を探そう

今でも、昔の単位が使われている言葉がたくさん残っているよ。探してみよう。

長さの単位 九十九里浜

千葉県提供

千葉県にある、60km以上も続く長い砂浜の海岸。「里」は昔の長さの単位。1里の長さは時代によってことなる。鎌倉時代の将軍、源頼朝がこの砂浜の長さをはかったところ、当時の長さで99里だったため、「九十九里浜」という名前になったとも言われている。「里」は「千里の道も一歩から」という言い回しにも使われているね！

重さの単位 花いちもんめ

「勝ってうれしい、花いちもんめ…♪」きみも友だちと遊んだことがあるかな？　花いちもんめの歌に出てくる「匁」とは、実は重さを表す単位なんだ。1匁は約4g。現在でも、真珠の取引などには、この「匁」という単位が使われているんだよ。遊び歌の言葉の意味がわかると、また歌うのがおもしろくなるね。

大きさの単位 一反もめん

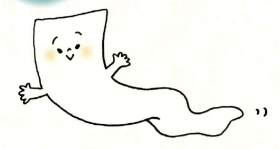

鹿児島県に伝わる妖怪、一反もめん。空をただよう細長い布のような妖怪で、人をおそうと言われている。「反」は昔から布などの大きさを表すのに使われてきた単位。1反はおよそはば34cm、長さ10mのことで、だいたい大人ひとり分の着物に使う布の大きさを指したんだ。

体積の単位 一合ます

「合」は体積を表す昔の単位で、1合は約180mL。現在でも、お米などをはかるときには「一合ます」が使われているね。また、1合の10倍を表す「升」という単位もある。料理酒やしょうゆなどの液体調味料を入れるびんには、約1.8L入る「一升びん」が使われているよ。

コラム 読めるかな？　単位の漢字

メートルはふつう「m」の記号で表すけれど、昔は漢字で「米」と書くこともあったんだよ。今でも、「平方メートル」を「平米」と書き表すことがあるね。

米 = m（メートル）
↓ 1000倍にすると…

 = km（キロメートル）

瓦 = g（グラム）
↓ 1000倍にすると…

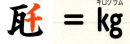
 = kg（キログラム）

「k」は1000倍という意味だから、「km」や「kg」を表す漢字にも「千」が入っているんだね。

計算で読み解く昔ばなし　かしこいたくらみ・話術編

今度は昔ばなしの中から、それぞれ会話の一場面を紹介するよ。ひとつ目は、落語の『壺算』から、ゆかいな買い物の掛け合い。ふたつ目は、インドの古い昔ばなしから、『天才シッサのふしぎなお願い』だよ。

日本の昔ばなし

壺算

あらすじ ▶▶▶ おかみさんから二荷入りの水がめを買ってきてと頼まれた少しまぬけな男、吉べえが主人公。買い物じょうずという兄貴分の源さんにつきそってもらい、瀬戸物屋へ水がめを買いに来た。源さんは、3円50銭の一荷入りの水がめを無理やり勉強させて3円で買ってしまう。吉べえが「二荷入りを頼まれたのに」とぶつぶつ文句を言うと、源さんは一荷入りの水がめを持って店に引き返していく。

なじみのない言葉を確認しよう！

一荷　天秤棒の両端にかけ、ひとりで肩にかつげるだけの重さの荷物のこと。

銭　昔のお金の単位。1円は100銭。

勉強する　商人が品物を値引きして、もとの値段より安く売ること。

一荷入りのかめ　　二荷入りのかめ

「この吉べえのやつが間抜けでよ、やっぱり二荷入りのかめが必要なんだと。こっちはいくらだい？」

「一荷の倍だよ」

「そんじゃ、3円の倍だから6円だな」

「あれ…？」

「ふたつかめがあってもしょうがねぇや、この一荷入りのかめを3円で引き取ってくんな。それに最初に渡した3円を足して、これではい、6円！」

瀬戸物屋は何かがおかしいと思いつつ、そろばんをはじく。しかし、何度やっても計算は合っている…。

調子のいい源さん、話術で瀬戸物屋さんをうまく言いくるめちゃった！

う〜ん。結局、源さんは二荷入りのかめを何円で買ったのかな？

インドの昔ばなし

天才シッサのふしぎなお願い

あらすじ▶▶▶ 昔むかし、インドにシッサという天才がいました。彼はチャトランガというチェスのもととなったゲームを考え出し、その手柄で王様のシルハムに呼ばれました。おもしろいゲームを考えたほうびをくれるというのです。

登場人物

シッサ　王様

🧕「では、ほうびとしてゲーム盤のはじめのマス目に、小麦を1つぶください。次のマス目に2つぶ、3番目のマス目に4つぶ、4番目のところに8つぶ…このように次々倍にしていって、盤上の64のマス目をいっぱいにするぶんの小麦のつぶをいただけないでしょうか」

👳「何とつつましいことを…。お前は欲がない男だなぁ。よし、わかった。お前の望むとおりの数の小麦をやろう」

🧕「ありがとうございます」

王様は家来に向かってこう言いました。

👳「今シッサが説明したとおりの数だけ小麦をあたえることとする。何つぶになるか計算せよ」

学びのポイント

国+算　相手をまどわす壺算の理屈

うまく瀬戸物屋さんを言いくるめてしまった源さんの理屈。なんだかおかしいなと感じた違和感を説明できるでしょうか…。実際に落語を聞きにいって、噺家さんが臨場感たっぷりに演じる『壺算』を聞くと、源さんの計算でつじつまが合っているかどうか考える暇もありません。それほど噺家さんの話術で落語の世界に深く引きこまれてしまうのです。子ども向けの落語の読み物や絵本もたくさん出ているので、これを機に落語に親しんでみるとおもしろいですよ。

『決定版 心をそだてる
はじめての落語101』
講談社

国+算　つつましやかなお願いの正体

古代から伝わるお話には、数々のバリエーションがあります。これを類話といいます。異なる結末の存在を楽しみながら、こうした類話が広く長くいくつも語りつがれてきたことの意味を考えてみましょう。国を超えて存在する同じような類話に出会ったとき、きっと感動するはずです。『天才シッサのふしぎなお願い』の話に登場する倍の数のくり返しは、かけ算で表すことができますが、式がたいへん長くなり、計算も容易ではありません。しかし、中学以降に数学で学ぶ「累乗」という概念でかんたんに表すことができます。きみの算数から数学への扉を開く第一歩となる昔ばなしですよ。

1、2、4、8…
4マス目までの
合計はたったの
15つぶだけど…？

次のページで、国語と算数にもっとくわしくなろう！

学びのポイント もっとくわしくなろう
お話がよくわかる計算式

源さんのたくみな話と天才シッサの妙な提案で、結果は思いもよらぬ数字に…。一体何が起こったのか、計算式を見ながらていねいに確認していこう。

相手をまどわす壺算の理屈

落語を楽しもう！

落語は日本の伝統的な芸能のひとつ。噺家さんが身振り手振りやわずかな小道具だけで、臨場感あふれる噺の世界を演じるんだ。絵や音響を使わずとも聴き手の想像力にはたらきかけ、噺の世界に引きこむ話術はおみごと！　どの話にも最後は必ずオチがあって、見事に笑わせてくれるよ。

> このお話は、古典落語の演目である『壺算』をもとにしているよ。噺家さんによる落語を生で聞くとまた格別なおもしろさだよ！

吉べえと源さんが得したお金はいくら？

3円50銭 × 2 ＝ 7円
もとの一荷入りのかめの値段　　もとの二荷入りのかめの値段

7円 － 3円 ＝ 4円
本来支払うべき値段　　実際に支払ったお金　　トクしたお金

> 二荷入りのもとの値段は、実は6円より高かったのかぁ！

よくよくお話をふり返りながら読んでみると、ふたりが払ったのはあとにも先にも最初の3円だけだ。

計算で読み解く源さんの理屈

①割引を2倍にしている

品物を50銭負けてもらうと…。

一荷入りのかめ… 3円50銭－50銭＝3円
二荷入りのかめ… 7円－50銭＝6円50銭

ところが、一荷入りのかめの割引きを勝手に2倍にして二荷入りのかめを買ったので…。

3円×2＝6円

> 全部で1円も安くなった！

②支払った3円を2回数えさせている

3円で 一荷入りのかめ を買ったあと、二荷入りのかめ を買うには…？

源さんの理屈
3円　＋　3円　＝　6円
支払ったお金　一荷入りのかめ　二荷入りのかめの代金

✕ 最初の3円は一荷入りのかめの代金。二重に足すことはできない！

正しい計算は？

6円 － 3円 ＝ 3円
二荷入りのかめの代金　支払ったお金　足りないお金

本来なら追加の3円を払わないと、二荷入りのかめは買えない。

> へへっ、バレちゃしょうがねぇや！

お話のオチ

源さんのたくみな話術にもう、なにがなんだかわけがわからなくなってしまった瀬戸物屋。あわてて吉べえと源さんを呼び止めた。
「ちょっと待ってください、おふたりさん！　この一荷入りのかめも持って行ってくださいよ！」
「ふたつもいらねぇって言ってるだろ」
「3円も返すから！」

> このオチだと瀬戸物屋さんは、さらにいくら損してしまうかな？

3円50銭のかめと3円の代金も渡してしまうから、さらに6円50銭損してしまう。こりゃまた大損のすってんてん！

つつましやかなお願いの正体

お話のつづき 不眠不休で小麦の数を計算した家来が王様のもとに報告にやってきました。

王様は、その小麦のつぶの数を聞いてびっくりぎょうてん!! なんと世界中の小麦をかき集めても、シッサの望むほうびには足りそうにありません。

王様はシッサに「他のほうびでかんべんしてほしい」と言ってあやまったそうですよ。

日本のシッサは曽呂利新左衛門?

日本にもシッサの話によく似た話がある。昔、豊臣秀吉が家来の曽呂利新左衛門にほうびをあたえようとしたとき、「この広間の畳に、はしの方から一畳目は米一粒、二畳目は二倍の二粒、三畳目はその倍の四粒、というように、二倍、二倍と米を置き、広間の百畳分、それを全部いただきたい」と言ったそうだ。このように、古い物語には似たようなあらすじを持つ類話がよく存在するんだ!

曽呂利新左衛門は秀吉に仕えていた人物とされ、とんち名人として知られているよ。調べてみると、他にもいろいろおもしろい逸話が見つかるかも?

王様の家来がした計算に挑戦してみよう!

続きの数を下のマスに書いてみよう!

×2 ×2 ×2 ×2 ×2

| 1 | + | 2 | + | 4 | + | 8 | + | 16 | + | 32 | + |
| | | (1×2) | | (2×2) | | (4×2) | | (8×2) | | (16×2) | |

左の図に入るすべての数字の合計は、下記のような式で計算できる。

2×2×2×2×2×2×2×2
2×2×2×2×2×2×2×2
2×2×2×2×2×2×2×2
2×2×2×2×2×2×2×2
2×2×2×2×2×2×2×2
2×2×2×2×2×2×2×2
2×2×2×2×2×2×2×2
2×2×2×2×2×2×2×2
−1=

数学の決まりを使って表すと…。

2を64回かけるという意味。

$$2^{64} - 1$$

この考え方は「累乗」といって、中学校で習う概念だよ!

シッサが王様にお願いした小麦の合計は…

18,446,744,073,709,551,615つぶ

1844京6744兆737億955万1615つぶと読もう!

▶1巻 算数×社会 P.9 大きな数

国語×算数 こぼれ話 2

数え歌で1、2、3を歌ってみよう！

「数え歌」には、おもしろい言葉遊びがいっぱい使われているよ。リズムにのせて楽しく数を数えてみよう。おじいちゃんおばあちゃんに昔の数え歌を教えてもらってもいいね。

歌いながら数えてみよう

数え歌とは

「ひとつ…、ふたつ…」と数を追っていく形式の歌。「さんま」の「さ」が3を意味するなど、歌詞に出てくる言葉の音が数字の読みに当てはめられている歌詞も多いよ。古くから伝わる数え歌には、歌詞やメロディに細かな地域差があるものも多い。口伝えで歌われていくうちに各地域で独自の変化をしていったんだね。童謡として知られている数え歌には、『すうじのうた』夢虹二/作詞・小谷肇/作曲や『数え歌』池田綾子/作詞・作曲などがある。

ふつうに数を数えるより、歌に合わせて数えるほうがだんぜん楽しいね！

【民間に伝わる数え歌】

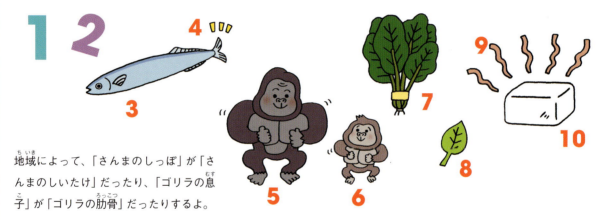

いち　にい　さんまの　しっぽ　ゴリラの　息子　菜っ葉　葉っぱ　腐った　豆腐

地域によって、「さんまのしっぽ」が「さんまのしいたけ」だったり、「ゴリラの息子」が「ゴリラの肋骨」だったりするよ。

　一番はじめは一の宮
　二は日光東照宮
　三は讃岐の金比羅さん
　四は信濃の善光寺
　五つ出雲の大社
　六つ村々鎮守様
　七つ成田の不動様
　八つ八幡の八幡宮
　九つ高野の弘法さん
　十は東京招魂社

昔、子どもの間で手毬歌として歌われていた。手毬は数を数えるなどしながら、地面についたり、足の間にくぐらせたりして遊ぶ、日本の遊び道具。この歌詞では数字と日本各地の有名な寺社を結びつけている。地方によって歌詞が変わることもあるよ。物を数えるには歌詞が少し長いけど、手毬をつきながら数を数えるにはぴったりの歌だね。

ふたつずつ数える歌

♪「ちゅうちゅうたこかいな」

小銭やあめ玉など、ふたつずつものを数えるときに使うよ。

ちゅう　ちゅう　たこ　かい　な
2　　4　　6　　8　　10

♪「ちゅうじ、ちゅうじ、蛸の加え」という数え歌がもとになっていると言われている。「ちゅうじ」は、昔のすごろく用語で4を意味する「重二」という言葉が変化したもの。「重二をふたつ合わせて8、8本足はタコ、2を加えて10」という意味の数え歌だよ。

たくさん数えるものがあるときは、「ちゅうちゅうたこかいな」で10個ずつのまとまりを作ると数えやすくなるね。

> まとまりが3つあるから全部で30個！

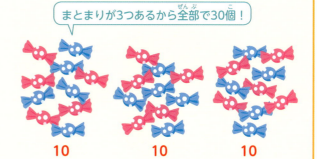

10　　10　　10

どちらにするかは神さま次第！

♪「どちらにしようかな」

数え歌のようにリズムよく歌い上げながら、ものを指差し、数あるものの中からひとつを選ぶときに使う歌だよ。地域によって歌詞が異なるし、同じ県内でも市区町村や学校によって多くのバリエーションがある。おもしろいね！

【地域による歌詞のちがいの例】

- どちらにしようかな　神さまの言うとおり
  なのなのなすびのハゲ頭
  （北海道旭川市）

- どちらにしようかな
  天の神さまの言うとおり
  あべべのべのべの　うまのくそ
  （青森県三沢市）

- どちらにしようかな　天の神さまの言うとおり
  どっちんぺったんどっこいしょ　柿の種
  （栃木県那須塩原市）

- どちらにしようかな　天の神さまの言うとおり
  鉄砲うってバンバンバンもひとつおまけにバンバンバン
  （東京都杉並区）

- どちらにしようかな　裏の神さまに聞いたらわかるぞね
  まっくろけのけっけっけーのけっけけーのけ
  ありがとうございました（高知県安芸市）

> きみはどのバリエーションの歌詞でこの歌を歌っているかな？

【どれが選ばれるか予言してみよう】

結果は、歌の音の数とあまりの数で決まる。
ふたつのケーキのうちAから数えはじめるとき、あまりの数が1ならA、0ならBとなる。

A　　B

「どちらにしようかな(9)」まで歌う場合

9 ÷ 2 ＝ 4とあまり1
歌の音の数　選ぶものの数

> 小さな「っ」や「ゃゅょ」などの文字は前の音と一音とみなして数を数えよう。

だから選ばれるのはAのホットケーキ。

実際にたしかめてみると…。

どちらにしようかな

> Aが選ばれた！

3つ以上あるものの中からこの歌でものを選ぶとき、Aから数えはじめたら、あまりが1ならA、2ならB…となる。

A　B　C　D　E　F

「どちらにしようかな天の神さまの言うとおり(22)」まで歌う場合

22 ÷ 6 ＝ 3とあまり4
歌の音の数　選ぶものの数

> この法則を覚えて数えはじめる場所を変えると、好きなものが選べちゃうよ！

だから選ばれるのは左から4番目のDのえび。

数学者の逸話を調べて話してみよう

算数が苦手なきみも、法則や公式にまつわるおもしろいエピソードを知ると、その法則や公式を勉強するのが楽しくなるはず。調べたことをみんなの前で発表すれば、きっと算数と国語、両方の力がきたえられるよ！

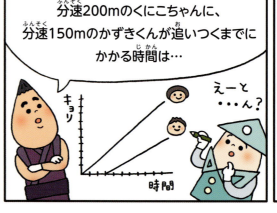

調査と発表と比例

調査と発表

関連単元：国語3～4年　調べて話す

調べたことをだれかに話すときには、事前に話す内容を組み立てる作業が大切です。

発表までの流れ
1. 発表するテーマや伝えたい目的を決める
2. 調べてまとめる
3. 話す内容を組み立てる
4. 話す・発表

話す内容の組み立て方

初め	話題の中心をしめす。最初に聞く人の関心や興味を引き、心をつかむくふうをする
中盤	調べたことや方法、そこからわかったこと、考えたことを説明する
終わり	話をまとめ、自分自身の感想や意見を言う

メモ見本

テーマ：記憶のコツ
調べる方法：
くわしい人にインタビュー
話す内容：
初め…テストにも役立つ記憶の方法で、とてもかんたん！コツはふたつ！

中盤…コツ1はエピソードに関連づけて覚えること。コツ2はだれかに話すこと。自分の体験をもとに紹介。
終わり…関連するエピソードを探すのに時間がかかるけど、効果はてきめんだった！

比例

関連単元：算数5年　比例

2つの量AとBがあり、Aが2倍、3倍、…になると、同じようにBも2倍、3倍、…となるとき、「BはAに比例する」と言います。

		2倍	3倍	4倍	5倍…
A	1	2	3	4	5	6
B	2	4	6	8	10	12

形が同じで大きさのちがう三角形があるとき、三角形の高さは、底辺の長さに比例します。

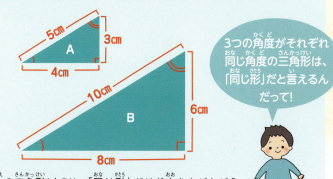

3つの角度がそれぞれ同じ角度の三角形は、「同じ形」だと言えるんだって！

上の三角形AとBは、「同じ形」だけど大きさがちがう。底辺の長さが2倍になると、高さも2倍になっている。

国語と算数をつなげる

数学者タレスの算数の比例にまつわる逸話について調べたくにこちゃんが、自分の調べたことに、前置きや自分の感想を加えてみんなに発表しているよ。

初め

私は算数の比例にまつわるお話を調べてきました。算数が苦手な私でも、数学者タレスのお話を読んだら、比例についてよくわかりました。

中盤

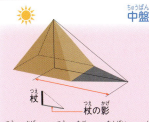

あるとき、王様が巨大なピラミッドの高さをはかるように言うと、タレスは地面に杖を立て、杖とその影の長さ、そしてピラミッドの影の長さをはかりました。

杖の影は、杖の長さの何倍かを計算する。ピラミッドの中心から影の先までの長さを、その数で割ると、ピラミッドの高さが出る。上の図のように、ものの高さと影の長さが比例していることを利用して、ピラミッドの高さを出したのです。

終わり

これは、「同じ形」の三角形の辺の長さを比例で考える問題と似ていて、ピラミッドの影の逸話と一緒に解き方を思い出すと、難しく思える問題もかんたんに解けるかもしれません。

学びのポイント もっとくわしくなろう
数学者のひらめき秘話

数学者たちのひらめきに関する逸話には、とっておきのエピソードがいろいろあるよ。おもしろい話を見つけたら、友だちや家族、みんなに話してみよう！

アルキメデスと冠の重さ

純金と混ぜ物の差は？

古代ギリシャの数学者アルキメデスは、ヒエロン王につかえ、いろいろな研究をしていました。あるとき王は、アルキメデスに自分のかぶっている金の王冠を渡してこう言いました。

「この冠が本当に金だけでできているか、それとも銀がまじっているのか、調べてくれ」

アルキメデスはどうしたらよいのかわかりません。

「気晴らしに、風呂にでも行くか…」

公衆浴場に行き、たっぷりと湯のはられた浴槽に肩までつかると、お湯がザーッとあふれました。そのときです。

アルキメデス
紀元前287年ごろ〜紀元前212年

お風呂でリラックスしているときって、意外なひらめきが頭にぴかっとうかびやすいのかも!?

「わかったぞ！」

興奮のあまり、真っ裸で家に向かって走るアルキメデスを見た町の人たちは、開いた口がふさがらなかったとか。

「物体を水の中に入れると、その物は同じ体積の水の重さだけ軽くなるはずだ！」

アルキメデスは、この原理を利用して、冠に銀がまじっていることをつきとめたと言われています。

金は銀より重いので、冠に銀がまじっていたら、冠は同じ重さの純金より体積が大きくなる。冠は体積が大きい分、水の中では余計に軽くなる。

ひらめきのもと ▶▶▶ お風呂

タレスと日食予測

人類はじめての日食予想

タレスは数学や哲学だけでなく、天文学の分野でも活躍しました。あるときタレスは、ミレトスの市民に「来年の5月28日の真昼に夜が来る」というとてもふしぎな予言をしました。翌年のその日、本当に真昼の空が急に夜のように真っ暗になったので、人々はとてもおどろきました。タレスは日食を予言したのです。

タレスがエジプトに住んでいたころ、紀元前603年5月18日に日食を体験した彼は、古い記録を調べ、バビロニア、エジプト、ギリシアなどの地方では、6585日ごとに日食が起こるらしいことをつきとめたのだと言われています。そこから次に日食の起こるであろう日時を計算したのですね！

タレス
紀元前624年ごろ〜紀元前546年

ひらめきのもと ▶▶▶ 日食の体験と古い記録

パスカルと三角形のひみつ

わずか12歳の天才的発見！

数学や物理学の世界でさまざまな業績を残したパスカルは、子どものころから図形遊びが大好きでした。あるとき、図形について研究する「幾何学」という学問に興味を持ちます。ところが、他にも学ぶべきことがあると、父親に幾何学を禁止されてしまいました。それでもパスカルは父にかくれてこっそり幾何学について学び続けました。そしてわずか12歳のとき、「三角形の3つの角を足すと180度になる」という昔からある有名な定理を、なんと独学で発見してしまったのです。

ブレーズ・パスカル
1623〜1662年

三角形の内角の和はいつも180°

ひらめきのもと ▶▶▶ 図形へのあくなき好奇心

ガウスと長い足し算

一瞬で計算する裏ワザ

ドイツの偉大な数学者ガウス。ガウスが小学生のとき、先生が「1から40までの数を全部足すといくらになりますか？」という問題を出しました。ガウス少年はすぐさま答えました。「先生、できました。820です」

ガウスはこの問題を下の図のように考えたと言われています。1から40までの足し算の式を、真ん中の20でおり返して2列に書くと、上下1と40、2と39…のように、合わせて41になる数の組が20個できます。すると、計算は41×20というかんたんなかけ算になり、一瞬で答えを求められますね。

「言葉を話しはじめるより前に、計算をしていたようだ」というほど、幼いころから数に親しんでいたガウス。だからこそ、こんな目からうろこのおもしろい計算方法をひらめいたのでしょう。

```
  1 + 2 + 3 + 4 +………+18+19+20
+ 40+39+38+37+………+23+22+21
  ─────────────────────────
  41+41+41+41+………+41+41+41
```

式を2列にすると？

41が20個できた！

41×20 = 820

カール・フリードリヒ・ガウス
1777年～1855年

ひらめきのもと▶▶▶数字を愛し、親しむ心

コラム❶ 数学者のちょっとスゴイ話

全世界の数学者に挑戦状!?

フェルマーは本の余白に、ある定理を書き「私はこの定理の証明を見つけたが、この本の余白はそれを書くのにはせますぎる」と書き残して亡くなった。この問題は長年の間「フェルマーの最終定理」と呼ばれ、何人もの数学者が証明しようと試みたがずっと解決しなかった。フェルマーの死後300年以上も経った1994年、アンドリュー・ワイルズによって、ついにこの定理が本当に正しかったということが証明されたんだ。

ピエール・ド・フェルマー
1601～1665年

〈フェルマーの最終定理〉
「nが2より大きい整数のとき、$A^n+B^n=C^n$という式をみたす0以外の自然数A、B、Cの組はない」という定理。A^nは、A×A×A×…と、同じ数をn回かけた数を表す。

栄えある賞を辞退！

ロシアの数学者ペレルマンは、2003年、数学上、最も難しく重要な問題のひとつとされていた「ポアンカレ予想」を証明した。これにより、数学界のノーベル賞と言われる「フィールズ賞」の推せんを受けたが、彼は「自分の証明が正しければ私に賞は必要ない」と言って、権威ある賞の受賞を辞退してしまったんだって！ すごい話だけど、ちょっともったいない気もするね。

グレゴリー・ペレルマン
1966年～

論文の書きすぎで…

オイラーは数学の多くの分野で偉大な業績を持つ。60歳ごろに両目を失明したが、76歳で亡くなるその日までずっと口述筆記に頼りながらも数学の研究を続けた。「人類で最も多くの論文を書いた数学者」と言われている。彼の論文は1911年から刊行され続け、すでに5万ページを超えているが、100年以上経った今でもまだ完結していない。

レオンハルト・オイラー
1707～1783年

1729はどんな数字？

「インドの魔術師」と呼ばれた天才数学者、ラマヌジャン。あるとき、ラマヌジャンを訪ねて来た知人が「乗ってきたタクシーのナンバーは1729だった。特ちょうのない数字だったよ」と彼に言った。するとラマヌジャンは、「いいえ、とても興味深い数字です。それは2つの立方数の足し算で2通りに表せる最小の数です」と間髪入れずすぐに答えたという。

シュリニヴァーサ・ラマヌジャン
1887～1920年

〈立方数とは〉
同じ数を3回かけた数のこと。「A^3」と表す。1729は、12^3+1^3、9^3+10^3の2通りの足し算で表せる。

文章問題から答えのカギを見つけよう

まるでミステリー小説みたいな文章問題が並んでいるけれど、国語の力を活かしてよ〜く読めば、かんたんな計算で答えが出ちゃう問題ばかりだよ。探偵になった気分で、文章から答えのカギを探し出そう！

初級編 ★

修行中の占い師

ある村に、3人の占い師のたまごがいました。3人はまだ修行中の身なので、占いはいつも当たるとは限りません。3人は、占いが当たる確率について、こう話しています。

　A「私の予想はいつも70％も当たります」
　B「私の予想は大体50％当たります」
　C「私の予想は毎回20％しか当たりません」

さて、明日雨が降るかどうか占ってもらうには、どの占い師に頼むのがいちばんよいでしょうか。

いちばん当たる確率が高いのは、Aの占い師さんだよね…。

コンビニにせ札事件

コンビニにお客さんが来て、700円の買い物をしました。お客さんは千円札を出しましたが、あいにくお店にはおつりの小銭がありませんでした。そこで店員は、隣のたばこ屋のおばあさんのところへ行って千円札を100円玉10枚に両替してもらい、お客さんに300円のおつりを渡しました。しかし、あとでその千円札がにせ札であることがわかりました。おわびに店員は本物の千円札をおばあさんに渡しました。コンビニの損害は、結局いくらだったのでしょう。

おつりを渡した上に、おばあさんに千円札も渡してるし…？

中級編 ★★

囲われた羊

牧草地に一辺10mの正方形の柵があり、今、1匹の羊が柵の内側の角で草を食べています。

その羊には、長さ5mのひもがつながれています。

このとき、羊が食べられる草の量（面積）を答えてください。

草は柵の中すべての地面に生えているものとします。

問題文をよ〜く読んで状況を想像してみよう。絵を描いてみるとわかりやすいよ！

上級編 ★★★

行き来する犬

AとBのふたりが500mはなれて立っています。

さらに、Bは犬と一緒にいます。

この場所から、AとBは同時に相手に向かって歩き出し、犬はAに向かって走りはじめました。犬は、AとBが出会うまで、ふたりの間を往復し続けます。

Aは毎秒2m、Bは毎秒3m、犬は毎秒6mの速度で移動したとすると、AとBが出会うまでに犬が走る距離は、合計何mになるでしょうか。

まず犬がAに会うまでの距離を出してと…。ウ〜ン…。

なぜその答えになったか、ちゃんと考えを自分の言葉で説明できるようになろう。

学びのポイント

国＋算 文章問題のコツをつかむ　初級編

文章問題を解くコツのひとつは、問題の全容をしっかり理解すること。問題文を読むそばから式をたてるようなことはやめましょう。初級編の『修行中の占い師』では、答えがAでは単純すぎるという違和感を持つかどうかが、正解へのカギとなります。問題文の裏側の意図を読み取るために、もう一度文章をしっかり読み解けば、答えにぐっと近づけるはずです。ふたつ目のコツは、問題の内容を絵や図に置き換えてみることです。文字を読むより、ずっと内容が明確になり、答えのカギが見つけやすくなります。

国＋算 思いこみから抜け出す　中級編

文章問題の中には、人間の思いこみにつけこんだひっかけを含むものもあります。教科書の問題ではあまりこの種のひっかけトリックは扱いませんが、文章のトリックやひっかけ問題に慣れておくと大事なところでひらめく力がきたえられます。答えのカギをつかむひらめく力は経験で育てることができるのです。

国＋算 よりよい解き方を見つける　上級編

この問題は、一見地道で長い計算を要するように思うでしょう？　けれど実は、こうした問題には、よりよいかんたんな計算で解ける方法が存在することもあるのです。『行き来する犬』の問題は、算数で学ぶ「距離・速さ・時間」の知識と、文章中の情報をうまく結びつけられるかが問題を解くカギになります。

次のページで、国語と算数にもっとくわしくなろう！

問題文からヒントを探そう

4つの問題、きみは全部解けたかな？答えのカギはどれも文章を読み解く国語力にかかっているよ。計算自体はあまり難しくないから、挑戦してみて！

文章問題のコツをつかむ初級編

 修行中の占い師

C「私の予想は毎回20％しか当たりません」

100 − 20 = 80

C「私の予想は必ず80％外れます」

読解! 表現を言い変えて、文章の裏を読もう。

「20％しか」って言葉で「当たらない」と思いこんでいたよ！

正解はC。高い確率で外れるのであれば、Cの予想の逆を信じることで、80％正しく予想を当てることができる。

 コンビニにせ札事件

読解! 問題が複雑なときは、計算前にまず内容を整理しよう。

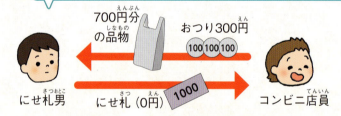

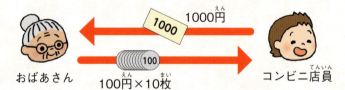

コンビニ店員がにせ札男に渡した金額は
700＋300 = **1000円**
品物　おつり

コンビニ店員とおばあさんのやりとりの差額は
100×10 − 1000 = **0円**

正解は1000円。もしもコンビニに小銭があって、両替の必要がなかったらと考えてみると、わかりやすい。にせ札の千円分を損したことになる。

思いこみから抜け出す中級編

 囲われた羊

きみの導き出した計算方法と答えは、下のAとBのどちらだろうか。

A　5×5×3.14÷4 = **19.625㎡**

B　10×10＝**100㎡**

Aは、半径5mの円の4分の1の面積を求めている。これはひもが角につながれているという思いこみによるまちがいだ。

読解! 一字一句、問題文をていねいに読もう。

AとBの考え方を絵で表すと下のようになる。緑色の部分が、羊が動ける（草を食べられる）範囲。

羊のひもは角につながれているとはどこにも書かれていない。**正解はBの100㎡。**

よりよい解き方を見つける上級編

行き来する犬

まずは問題の内容を整理してみよう。

AとB、犬がそれぞれ矢印の方向に移動しはじめる。

犬はAに出会ったら折り返して、Bに向かって走りはじめる。

犬が走る距離の合計は、犬が人に会って折り返すまでの距離をそれぞれ計算して合計すればわかる。長く地道な計算になりそうだけど、他によりかんたんな計算で答えを求める方法はないだろうか？

計算をもっとかんたんにするヒントが文章の中にかくされているよ！

読解！ 問題文に隠された情報を読み取ろう。

「犬は、AとBが出会うまで、ふたりの間を往復し続けます。」
↓
犬が走る時間は、AとBが出会うまでの時間と同じ！

ふたりが出会うまでの時間は…
距離÷速さ＝時間 だから

500 ÷ (2+3) ＝ 100 (秒)
AとBの距離　AとBの秒速　　AとBが出会うまでの時間

犬が走る距離は…
速さ×時間＝距離 だから

6 × 100 ＝ 600 (m)
犬の秒速　AとBが出会うまでの時間　犬が走る距離

正解は、600m。

コラムQ　もっとある！　おもしろ文章問題

①ふえる細胞

コップに1個の細胞を入れると、1分に1回、2個に分裂していきます。このコップが細胞でいっぱいになるまでには60分かかります。では、はじめに細胞2個を入れると、コップは何分でいっぱいになるでしょう。

1個の細胞からはじめるのと、2個の細胞からはじめるのとでは、何分のちがいがある？

②買えば買うほど…？

あるものを1個買うと60円、2個買うと20円になります。なぜでしょう。

60円と20円は、あるものの代金というのは思いこみ。実際に買い物をする場面を想像してみよう。

このページできたえた文章を読み解く力、ひらめく力、よりかんたんに正解に近づく力を活かして挑戦してみよう！

③バスケのトーナメント大会

50個のチームが集まってバスケの大会をします。試合に勝ったチームが次の試合に進むトーナメント方式です。一度負けると、敗者復活戦はありません。全部で何試合が行われるでしょう。

1試合行うたびに、ひとつのチームが負ける。負けないのは優勝のチームだけ。

答えと解説

①59分。細胞1個が2個にふえるのにかかる1分を60分から引く。／ ②100円玉で40円の品物を買ったから。60円と20円はお釣り。／ ③49試合。試合の数は負けたチームの数に等しいので、全体のチーム数50から負けない優勝チームの数1を引く。

国語×算数 こぼれ話 3
数字を使って暗号を解いてみよう！

暗号とは、大事な情報を他の文字や数字に置き換えるなどして、他の人に読めないようにしたもの。暗号を読むには、置き換えの規則を表す「カギ」が必要なんだ。

対応表がカギになる！

> 暗号は文書の非常に大切な通信手段のひとつで、古代から使われているんだよ。

暗号を解いてみよう！

> 一の位の数に注目してみよう。

① 44　43　52　51　44　11　45　43

アルファベット対応表

	1	2	3	4	5
1	A	B	C	D	E
2	F	G	H	I・J	K
3	L	M	N	O	P
4	Q	R	S	T	U
5	V	W	X	Y	Z

44は「T」、43は「O」になる。

【ポリュビオスの暗号表】

暗号に並ぶ2ケタの数字は、一の位がすべて1〜5だということに気づいたかな？　こんな暗号は、対応表がカギになっていることが多い。古代ギリシアの歴史家、ポリュビオスは、右のような表を使い、文字を数字に置きかえて暗号を作っていた。早速、右の表を使って①の暗号を解いてみよう。ちなみに、ポリュビオスの暗号表は、ちがう文字言語で作り変えることができる。つまり、ひらがなの五十音表でも使えるんだ。②の問題にも挑戦してみよう！

ひらがな五十音表

11	10	9	8	7	6	5	4	3	2	1	
ん	わ	ら	や	ま	は	な	た	さ	か	あ	1
	り			み	ひ	に	ち	し	き	い	2
		る	ゆ	む	ふ	ぬ	つ	す	く	う	3
	れ			め	へ	ね	て	せ	け	え	4
	を	ろ	よ	も	ほ	の	と	そ	こ	お	5

11は「あ」、101は「わ」…となる。

② 92　21　45　32　81　21　12　75　85　95　32　23　54

> ひらがな五十音表を使って解いてみよう！

計算を取り入れてみよう

五十音を表した対応表を作ったら、オリジナルの暗号も作れるね。計算を取り入れると、暗号の難易度がさらに上がるよ！

> 式を計算すると、五十音の対応表が使えるようになるよ！

③ 3×5、9×9、20+23、40+21、20+21、20+31、11×5、20+31、3×7

日本の暗号対応表あれこれ

【忍びのいろは】

忍者は仲間との連絡に暗号を使っていた。当時使われていた「いろは文字」は全部で48文字。それと読点を合わせて49文字、右の表のように、7つのへんと7つのつくりで表していたと言われている。

	木	火	土	金	氵	イ	身
色	い 桠	ろ 炮	は 地	に 鉋	ほ 泡	へ 俺	と 鲍
青	ち 梼	り 煏	ぬ 靖	る 錆	を 清	い 倩	か 鯖
黄	よ 橫	た 燘	れ 墵	そ 鑰	つ 潢	ね 橫	な 鱶
赤	ら 棶	む 煉	う 埭	の 鈢	の 漆	お 倈	く 鯠
白	や 柏	ま 焔	け 垍	ふ 鉊	こ 泊	え 伯	て 鮊
黒	あ 榌	さ 燝	き 壒	ゆ 鏍	め 濼	み 儠	し 鰁
紫	ゑ 檪	ひ 燦	も 墲	せ 鑢	す 濼	ん 儠	鱮

【字変四八の奥義】

戦国武将、上杉謙信の軍師、宇佐美定行は「字変四八の奥義」という暗号の作り方を考えた。いろは48文字を7×7のマス目に書き、文字を行と列の数字で表す方法だ。つまり、ポリュビオス暗号と同じしくみだ。

答え：①TOKETAYO（解けたよ）／②りかとしやかいもよろしくね（理科と社会もよろしくね）／③おやつはたなのなか（おやつは棚の中）

ずらす数がカギになる!

暗号を解いてみよう！

④ きんあろてわそふら

3文字ずつ文字をずらしてみよう。

このままじゃ全然意味がわからないよ～!

【シーザー暗号を使ってみよう】

この問題には、シーザー暗号という文字をずらす手法が使われている。五十音表の順番に文字を3つずらしてみると、意味の通る文が現れるんだ。ずらす数は、5でも7でも好きな数に変えられるので、暗号を共有する者同士でこの数をあらかじめ決めておけばよい。シーザーとは、古代ローマの英雄の名前。シーザーがはじめてこの方法を使ったことから、シーザー暗号と呼ばれているよ。

ん	わ	ら	や	ま	は	な	た	さ	か	あ
	り		み	ひ	に	ち	し	き	い
	る		ゆ	む	ふ	ぬ	つ	す	く	う
	れ		め		へ	ね	て	せ	け	え
	を		ろ	よ	も	ほ	の	と	そ	こ	お

「き」を三文字ずらすと「こ」。「ん」は、五十音の最初にもどって「あ」から3つめを数えると「う」になるよ。

【カギがなくてもわかる裏ワザ】

暗号のカギがわからなくても、よく使われる文字を探しだしてカギを手に入れる方法があるよ。右の問題は日本語をローマ字で書いた文をシーザー暗号にしたもの。暗号をよく見るといちばん数多く登場する文字はWだね。もとの文に使われているのは母音（A、I、U、E、O）がいちばん多いはず。だから、もしWがAだとすると、WのあとはX、Y、Z、Aと続くから、カギのずらす数は4文字になる。ヒントのアルファベットの並び順をよく見て、他の文字も4文字ずらして意味が通る文になるか確かめてみよう。

⑤ OWGQNWCWOWEPW

WがAじゃなかったら同じように他の母音で試していけばカギがわかるね!

【ヒント】 ABCDEFGHIJKLMNOPQRSTUVWXYZ

割る数がカギになる!

暗号を解いてみよう！

⑥ 77　224　287　105　308　637　385　91　637　364　154　308　378

これらの数字には共通点があるよ。

【算数のセンスでカギをつかもう】

この暗号は、3ケタ以上の数字が混ざっているので、対応表は使えなさそうだ。実はこれらの数字は、ある同じ数で割り切れる。全部の数を割り切ると、すべて2ケタの数字になって②と同じ五十音の対応表が使えるようになる。この同じ数の倍数を並べる手法を覚えておくと、暗号やクイズに強くなれちゃうよ。

一見難しそうだけどまずは小さい数字順に割れる数を探していってみよう。案外すぐにわかるよ。

答え：④こうえんにあつまれ（公園に集まれ）／⑤SAKURAGASAITA（桜が咲いた）／
⑥暗号の数字を7で割ると、11、32、41、15、44…だから、答えは　あしたおてらのうらにきてね（明日お寺の裏に来てね）

国語×算数 こぼれ話 4

国語の力も使って和算にチャレンジ！

江戸時代のころから日本で独自に発展した算数のことを「和算」というよ。江戸時代から人々に楽しまれてきた和算の問題にチャレンジしてみよう！

鶴亀算にチャレンジ！

鶴の足の数は2本、亀の足の数は4本。足の数と頭の数を手がかりにして、鶴が何羽、亀が何匹いるか求める問題を「鶴亀算」と呼ぶよ。

Q しげみの中に鶴と亀がいます。
頭の数を数えると10あり、足の数を数えると32本ありました。
鶴は何羽、亀は何匹いるでしょうか。

どんな式を作ればいいんだろう？

頭の数が10ということは、鶴と亀を足した全体の数は10になるね。もしも亀が0匹、鶴が10羽だとすると、足の数は何本になるかな？　表にして考えてみよう！

亀の数（匹）	0	1	2	3	4	…
鶴の数（羽）	10	9	8	7	6	…
足の数（本）	20	22	24	26	28	…

→ 亀が1匹ふえるごとに、全体の足の数は2本ずつふえる！

A 頭の数が10だから、全体の数は10。亀が0匹のときは、鶴が10羽だから全体の足の数は20本。足の数を32本にするには、足があと12本足りない。

10×2（鶴の足）＝20　　32－20＝12　　12÷2（亀の足－鶴の足）＝6

亀があと6匹ふえればよい。

答え：鶴4羽、亀6匹

短歌で解ける！鶴亀算

江戸時代の「因帰算歌」という本では、数学のさまざまな公式が短歌で表されている。昔の人も、国語と算数、ふたつの教科の力を合わせると、効率よくおもしろく勉強できることを知っていたんだね。鶴亀算の鶴の数を求める公式も、下のような短歌になっているよ。

鶴問わば　頭の数に　二をかけて　総足数の　半分を引け

鶴の数 ＝ 頭の数×2 － すべての足の数÷2

（頭の数に2をかけて）（総足数の半分を引け）

鶴の数 ＝10×2 － 32÷2
　　　　＝20 － 16
　　　　＝4

答え：鶴4羽、亀6匹

この公式を使って、上の問題の答えを確かめてみよう。短歌で算数の問題が解けるなんてすごいでしょ？

小町算にチャレンジ!

小町算は、1から9までの数をならべ、その間に「＋、－、×、÷」などの計算記号を入れて、計算した結果が100になるようにする計算遊びだよ。小町算は江戸時代から楽しまれていたと言われるよ。

Q 1□2□3□4□5□6□7□8□9 ＝ 100

計算の答えが100になるように、上の□の中に「＋、－、×、÷」のどれかを入れてみよう！答えはひとつではないからいろいろ試してみてね。

全部の数を足しても、答えは45だから…全部「＋」を入れるのはだめなんだね。

答え：1＋2＋3＋4＋5＋6＋7＋8×9　など

どうして小町算っていうの？

小町算には、平安時代の女性歌人である小野小町の名前がついている。小野小町は、小倉百人一首におさめられている右の和歌をはじめ、優れた短歌を数多く残した。また、絶世の美女としても広く知られている人物だ。「小町算」は、小野小町のようにとても美しい数式だから、この名前がついたという説の他、名前の由来には諸説あるよ。

昔は、美人美人ともてはやされたものだけど今は…。

小野小町（生没年不詳）

現代語訳
桜の花の色と同じように、私の美しさも衰え色あせてしまった。長雨をぼんやり眺めているうちに…。

花の色はうつりにけりないたづらに
わが身世にふるながめせしまに
　　　　　　　　　　　小野小町

油分け算にチャレンジ!

▶P.14 昔の言葉といろんな単位

江戸時代の数学書「塵劫記」には、当時の生活に関わりの深い問題がたくさんおさめられている。「油分け算」もそのひとつ。いろんな量の油を、2種類のますだけ使ってはかることができるんだ！　まるでパズルみたいな問題だね。

Q 大きな桶の中に油が3斗入っています。
5升ますと3升ますを使って、この油を4升はかりとりなさい。

「斗」は昔の体積の単位で、1斗は約18L。10升＝1斗だよ。

A

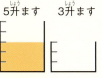
①3升ますで油を3升はかり、5升ますに入れる。

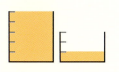
②また3升ますで油を3升はかり、5升ますに入れる。
5升ますが満杯になり、3升ますに入りきらなかった油が1升残る。

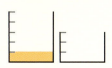
③5升ますの油をすべて桶に戻し、3升ますの油を5升ますに移す。

他の方法もありそうだね！探してみよう！

できるだけかんたんな方法を見つけてね！

4升になった！
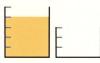
④最後に3升ますで油を3升はかり、5升ますに移す。

〈他の方法〉5升ますの油を3升ますに入れると、5升ますに2升残る。それを3升ますに移す。また3升ますに5升ますの油を入れると、5升ますに4升残る　など。

35

● 監　修　　　　齋藤孝

1960年、静岡県生まれ。東京大学法学部卒業。東京大学大学院教育学研究科博士課程等を経て現在、明治大学文学部教授。専門は教育学、身体論、コミュニケーション論。著書に『声に出して読みたい日本語』（草思社）、『勉強なんてカンタンだ！』（PHP研究所）、『考え方の教室』（岩波書店）ほか多数。

● 装丁・本文デザイン　　DAI-ART PLANNING（五十嵐直樹、横山恵子、天野広和）
● 表紙・本文イラスト　　MARI MARI MARCH
● 編　集　　　　　　　　教育画劇（清田久美子）
　　　　　　　　　　　　オフィス303（深谷芙実、金田恭子、三橋太央）

● 写真・図版・挿絵　　読売新聞／アフロ、草思社、千葉県、フォトライブラリー、アフロ

齋藤孝の どっちも得意になる！国語×算数

2016年4月1日　初版発行

発行者　　升川秀雄
発行所　　株式会社教育画劇
　　　　　〒151-0051
　　　　　東京都渋谷区千駄ヶ谷5-17-15
　　　　　TEL 03-3341-3400
　　　　　FAX 03-3341-8365
　　　　　http://www.kyouikugageki.co.jp
印刷所　　大日本印刷株式会社

国語と算数がどっちも大好きになっちゃった！

N.D.C.375　36p　297×220　ISBN 978-4-7746-2042-8
（全4冊セットISBN 978-4-7746-3032-8）
©KYOUIKUGAGEKI, 2016, Printed in Japan

●無断転載・複写を禁じます。法律で認められた場合を除き、出版社の権利の
　侵害となりますので、予め弊社にあて許諾を求めてください。
●乱丁・落丁本は弊社までお送りください。送料負担でお取り替えいたします。